COMTE DE CHAMBORD

DÉFENDU PAR L'HISTOIRE

CONTRE

LES INSULTES DU COURRIER DE LA BOURSE, DE BERLIN ET DU FREMDENBLATT, DE VIENNE

PRÉCÉDÉ DU MANIFESTE

DE

M. LE COMTE DE CHAMBORD

CLERMONT-FERRAND

TYPOGRAPHIE FERDINAND THIBAUD, LIBRAIRE

Rue Saint-Genès, 8-10

1871

MANIFESTE

M. LE COMTE DE CHAMBORD.

FRANÇAIS

Je suis au milieu de vous.

Vous m'avez ouvert les portes de la France, et je n'ai pu me refuser le bonheur de revoir ma patrie.

Mais, je ne veux pas donner, par ma présence prolongée, de nouveaux prétextes à l'agitation des esprits, si troublés en ce moment.

Je quitte donc ce Chambord que vous m'avez donné, et dont j'ai porté le nom avec fierté depuis quarante ans sur les chemins de l'exil.

En m'éloignant, je tiens à vous le dire, je ne me sépare pas de vous, la France sait que je lui appartiens.

Je ne puis oublier que le droit monarchique est le patrimoine de la nation, ni décliner les devoirs qu'il m'impose envers elle.

Ces devoirs, je les remplirai, croyez-en ma parole d'honnête homme et de roi.

Dieu aidant, nous fonderons ensemble et quand vous le voudrez, sur les larges assises de la décentralisation administrative et des franchises locales, un gouvernement conforme aux besoins réels du pays.

Nous donnerons pour garantie à ces libertés publiques auxquelles tout peuple chrétien a droit, le suffrage universel honnêtement pratiqué et le contrôle des deux Chambres, et nous reprendrons, en lui restituant son caractère véritable, le mouvement national de la fin du dernier siècle.

Une minorité révoltée contre les vœux du pays en fait le point de départ d'une période de démoralisation par le mensonge et de désorganisation par la violence. Ses criminels attentats ont imposé la révolution à une nation qui ne demandait que des réformes, et l'ont dès lors poussée vers l'abîme où hier elle eût péri, sans l'héroïque effort de notre armée.

Ce sont les classes laborieuses, ces ouvriers des champs et des villes, dont le sort a fait l'objet de mes plus vives préoccupations et de mes plus chères études, qui ont le plus souffert de ce désordre social.

Mais la France, cruellement désabusée par des désastres sans exemple, comprendra qu'on ne revient pas à la vérité en changeant d'erreur; qu'on n'échappe pas par des expédients à des nécessités éternelles.

Elle m'appellera, et je viendrai à elle tout entier, avec mon dévouement, mon principe et mon drapeau.

A l'occasion de ce drapeau, on a parlé de conditions que je ne dois pas subir.

Français !

Je suis prêt à tout, pour aider mon pays à se relever de ses ruines et à reprendre son rang dans le monde ; le seul sacrifice que je ne puisse lui faire, c'est celui de mon honneur.

Je suis et veux être de mon temps ; je rends un sincère hommage à toutes ses grandeurs, et, quelle que fût la couleur du drapeau sous lequel marchaient nos soldats, j'ai admiré leur héroïsme et rendu grâce à Dieu de tout ce que leur bravoure ajoutait au trésor des gloires de la France.

Entre vous et moi, il ne doit subsister ni malentendu ni arrière-pensée.

Non, je ne laisserai pas, parce que l'ignorance ou la crédulité auront parlé de priviléges, d'absolutisme et d'intolérance, que sais-je encore ? de dîme, de droits féodaux, fantômes que la plus audacieuse mauvaise foi essaye de ressusciter à vos yeux, je ne ne laisserai pas arracher de mes mains l'étendard d'Henri IV, de François Ier et de Jeanne d'Arc.

C'est avec lui que s'est faite l'unité nationale, c'est avec lui que vos pères, conduits par les miens, ont conquis cette Alsace et cette Lorraine dont la fidélité sera la consolation de nos malheurs.

Il a vaincu la barbarie sur cette terre d'Afrique, témoin des premiers faits d'armes des princes de ma famille ; c'est lui qui vaincra la barbarie nouvelle dont le monde est menacé.

Je le confierai sans crainte à la vaillance de notre armée ; il n'a jamais suivi, elle le sait, que le chemin de l'honneur.

Je l'ai reçu comme un dépôt sacré du vieux Roi mon aïeul, mourant en exil ; il a toujours été pour moi inséparable du souvenir de la patrie absente ; il a flotté sur mon berceau, je veux qu'il ombrage ma tombe.

Dans les plis glorieux de cet étendard sans tache, je vous apporterai l'ordre et la liberté.

Français,

Henri V ne peut abandonner le drapeau blanc d'Henri IV.

HENRI.

Chambord, 5 juillet.

LE
COMTE DE CHAMBORD

DÉFENDU PAR L'HISTOIRE

CONTRE

Les insultes du COURRIER DE LA BOURSE, de Berlin et du FREMDENBLATT, de Vienne

> Le comte de Chambord descend de Henri IV de quatorze manières différentes. Presque tout le sang qui coule dans ses veines lui vient du Béarnais.

M. de Voltaire, cet infernal génie du mensonge, a écrit quelque part dans ses œuvres une parole malhonnête et plus digne de Satan que de l'homme. « Mentez, mentez toujours, a-t-il dit; il en reste quelque chose. » Le *Courrier de la Bourse* et le *Fremdenblatt* doivent bien certainement connaître cette vieille maxime de Gavroche; car ils la mettent souvent en pratique, tantôt contre le Pape et le sacerdoce, tantôt contre la religion, tantôt contre les princes qui méprisent certaines insultes et n'achètent jamais la flatterie. Si Pascal Grousset, ce farouche ministre de la Commune pour les pétrolisations extérieures, avait connu ces deux gazettes, il en aurait peut-être fait les *Moniteurs officiels* de sa politique à l'étranger. Quel moderne enfant d'Israël, ayant une plume et deux idées, a jamais refusé de servir un homme d'Etat, fût-il ministre de l'ex-empereur Théodore, qui a besoin d'une prose et la paye largement en bonne monnaie du jour !

Le comte de Chambord ne pouvait donc échapper au dard pestilentiel de ces deux vipères. Mais, fort heureusement, la piqûre de cette espèce de vivipares n'est point mortelle. Ce qui rampe ne saurait mordre plus haut que le talon, et le venin maladroitement distillé retombe dans la boue, d'où il était sorti. C'est là comme une première punition que la nature même de l'être rampant inflige presque toujours au calomniateur. Je vais en infliger une seconde au mystérieux auteur de l'article publié par le *Courrier de la Bourse* et reproduit par le *Fremdenblatt*, en lui démontrant avec des preuves incontestables qu'il a menti sciemment et volontairement, qu'il a outragé lâchement et avec intention un noble prince français ; qu'il n'est pas, comme on pourrait le croire, l'imbécile écho d'un bruit répandu dans le monde ou dans les gazettes, mais l'inventeur plus ou moins intéressé de ses misérables calomnies. Dans les temps de sanglantes discordes où nous vivons, il y a des mensonges qui sont de véritables crimes. Je n'ai pas besoin d'un mandat pour les dévoiler et les flétrir, ma conscience d'honnête homme me suffit. Un autre recherchera le calomniateur dans la boue politique, où il doit croupir. Si ce n'est pas un Communard, il était digne de l'être. Entrons maintenant dans la fange littéraire du journal berlinois.

Et d'abord, il convient de dire que le pamphlétaire anonyme du *Courrier* semble s'être proposé deux buts, en parlant avec une ignorance peut-être calculée des *prétendants à la couronne de France*, jeter toutes sortes d'injures à la tête du comte de Chambord et arroser de suaves parfums la Maison d'Orléans. Un éloge pompeux cotoyant une odieuse calomnie, ce n'est pas habile pour un flatteur. L'illustre race de Henri IV doit se sentir profondément humiliée par l'insulte brutale faite à son auguste chef ; car l'outrage lancé contre le principal membre d'une famille atteint ordinairement toute la maison, malgré les éloges prodigués à quelques-uns. La seule manière de protester contre un pareil insulteur, c'est de mépriser les coups d'encensoir.

Voici une autre remarque beaucoup moins grave, mais qui me paraît avoir une certaine importance au milieu du chaos des idées régnant en bien des esprits. Le *Fremdenblatt*, qui n'est pas plus fort en histoire qu'en politique et en généalogie, daigne saisir cette occasion pour apprendre à ses lecteurs que « la France a deux familles *légitimes*, les Bourbons et les d'Orléans, qui ont l'expectative (*Anwartschaft*) du trône. » Cette phrase ne brille point par une excessive clarté. Toute famille est nécessairement légitime, lorsqu'elle n'est point bâtarde. Quant au droit de porter légitimement la couronne de saint Louis, il n'y a à cette heure en France qu'un seul prince qui le possède et puisse le posséder, c'est le comte de Chambord. Les d'Orléans ne sont que des princes du sang royal, simples sujets de la République ou de M. Thiers, depuis l'abolition des lois de bannissement qui pesaient sur toute leur famille. Le Roi seul n'est sujet de personne; il est le père de son peuple et n'obéit qu'à sa conscience et à Dieu, tout en observant les lois fondamentales de la monarchie, qu'il n'a ni le droit, ni le pouvoir de changer ou de modifier sans le consentement de la nation. Cela nous explique peut-être pourquoi le comte de Chambord ne veut et ne peut rentrer publiquement en France et y prendre son domicile officiel que comme souverain. Il ne sera point élu, mais proclamé, puisqu'il est le successeur légitime de Charles X. En France, lorsqu'un Roi meurt, on crie : Vive le Roi ! Et aussitôt le souverain légitime paraît.

Il n'y a donc pas dans ma patrie deux *familles légitimes* qui aient *l'expectative* du trône; il n'y a qu'un futur roi et des princes du sang. Tout autre principe monarchique ou républicain n'est pas le droit, c'est la révolution; sanglante chose qui a commencé par démolir une bastille et qui vient d'incendier Paris. Hélas ! que de sang, de cadavres et de ruines, depuis 1789, pour faire sortir un gouvernement moderne des bas-fonds de la société et ne produire finalement qu'une effroyable confusion dans les idées, un quelque chose qui ressemble au chaos de l'enfer ! Mais aussi quelle terrible responsabilité pèse devant Dieu et devant les hommes sur les intrigants, les utopistes et les ambitieux, princes, bourgeois ou prolétaires, qui nous ont amené tant de désastres! Ils ont tous régné pour corrompre, c'est pourquoi ils ont passé comme des fléaux. La liberté fut leur mot d'ordre; leur gouvernement n'était parfois qu'un brutal despotisme, qu'une anarchie de bêtes féroces. Cela me fait honte et horreur. Passons.

« Le seul rejeton qui reste encore de la branche aînée des Bourbons, dit le pamphlétaire du *Courrier-Fremdenblatt*, c'est le comte de Chambord, petit-fils de Charles X et fils du duc de Berry assassiné par Louvel. » Mais que faites-vous donc des Bourbons d'Espagne, de Naples et de Parme, qui descendent tous de Louis XIV, en dépit des renonciations et des traités d'Utrecht? Je ne veux pas résoudre ici de ma propre autorité la délicate question de succession au trône, je ne touche qu'à une simple question de généalogie. La France décidera la première; tout écrivain peut parler librement de la seconde. Je me bornerai à dire pour le moment que le comte de Chambord est l'aîné de toute son auguste race, dont la plupart des membres sont doublement français par le sang qui coule dans leurs veines. Voilà l'exacte vérité.

« Le duc de Berry était mort *sans enfants*, comme le duc d'Angoulême. » Quel est donc le père du comte de Chambord? Et de qui était fille Madame la duchesse de Parme, Louise-Marie-Thérèse de Bourbon, née le 21 septembre 1819? Le duc de Berry eut encore deux enfants, une fille et un garçon, qui moururent peu de temps après leur naissance. La fille vint au monde le 13 juillet 1817, et le garçon naquit le 13 septembre 1818; date néfaste pour la maison de Bourbon et pour la France, qui devait revenir plus tard avec une sorte de fatalité. Ce fut au sujet de la naissance de MADEMOISELLE que le duc de Berry dit à son auguste épouse, qui se plaignait de n'avoir pas donné un héritier au trône de France: « Ne vous désolez point, ma chère amie ; si c'était un garçon, *les méchants diraient qu'il n'est pas à nous*, tandis que personne ne nous disputera cette chère petite fille. » Triste pressentiment des infâmes calomnies, qui essayeraient plus tard de frapper le comte de Chambord et Madame la duchesse de Berry, l'un dans sa royale descendance, l'autre dans son honneur de femme et de mère ! Le duc de Berry ne mourut donc pas *sans enfants*, selon les affirmations calomnieuses du *Courrier-Fremdenblatt*.

Mais ce n'est pas tout. Voici une parole authentique, entendue par bien des témoins et répétée dans toute la France. Déjà, au commencement du mois de février 1820, le bruit de la mort du duc de Berry se répandait à Londres, et des lettres anonymes contenant d'effroyables menaces, étaient presque chaque jour adressées au prince lui-même. Dans un repas maçonnique, qui eut lieu vers cette époque à la Loge de Nîmes, le nommé C. h...s (1) buvait à la santé d'un assassin encore inconnu, et même dans un bal somptueux, où assistèrent le prince et la princesse (12 février), le maître de la maison faisait distribuer de petits couteaux aux femmes par plaisanterie et en même temps par allusion à une pièce de théâtre (les *Petites Danaïdes*) qui égayait tout Paris. Il semblait qu'il y eût dans les airs un poignard invisible, dont la pointe était déjà sur le cœur du prince, et la poignée partout où il y avait une passion révolutionnaire. Enfin, le crime fatal est consommé (2). L'assassin a jeté une dernière

(1) Ce nom et ce fait m'ont été révélés, il y a bien longtemps, par un témoin oculaire et franc-maçon. Je l'ai déjà publié dans un autre écrit, lu par C.h...s. qui s'est bien gardé de crier à la calomnie. Du reste, il est de notoriété publique qu'en général les adeptes de la franc-maçonnerie aiment fort peu les Bourbons, parce qu'ils sont les protecteurs naturels du Pape et de la religion catholique.

(2) La mort du duc de Berry causa une telle douleur dans la capitale, que le roi se rendant à cinq heures du matin auprès de son neveu, fut accueilli sur son passage par un bruit de sanglots et de larmes, dit un historien du temps. Et il ajoute : « En retournant à son palais, à six

injure à sa victime mourante, qui dit à la princesse cette parole entendue par de nombreux témoins (1) : « Mon amie, ne vous laissez pas accabler par la douleur ; *ménagez-vous pour l'enfant que vous portez dans votre sein.* »

A cette révélation inattendue et faite par le prince quelques heures avant sa mort, il y eut un mouvement de surprise dans l'assistance. Tous les cœurs tressaillirent, un éclair d'espérance brilla dans tous les yeux. A côté de cette tombe si rapidement creusée par un scélérat, un berceau venait d'apparaître. Le duc de Berry, déjà à demi enveloppé par les ombres de la mort, semblait en être sorti une dernière fois pour prononcer une parole de vie à sa race. C'est ainsi qu'au milieu de ces ténèbres sanglantes qui s'épaississaient fatalement sur l'auguste famille de Louis XIV, on vit percer comme un rayon d'avenir. Le crime de Louvel allait devenir un inutile forfait. Le sauveur, destiné par la Providence pour relever ma patrie de ses ruines et de ses désastres, était déjà depuis six semaines dans le sein de sa mère, et il y resta jusqu'au 29 septembre 1820, mystérieusement gardé par le Ciel, malgré plusieurs tentatives de crime faites par deux ou trois autres scélérats. Qui ignore l'histoire des pétards ? Il n'est donc pas vrai de dire que le duc de Berry mourut *sans enfants.*

Mais le pamphlétaire du *Courrier-Fremdenblatt* a sans doute prévu la réponse bien facile qu'on pourrait lui faire, en écrivant seulement le nom du comte de Chambord ; car il se hâte d'ajouter : « Le *mystère* (!!!) qui plane sur la naissance de ce fils (le

heures et demie, on peut dire qu'il traversa la douleur de son peuple ; car une foule immense, qui avait passé la nuit sous les fenêtres de la salle où agonisait le prince, venait d'apprendre sa mort. » Il y eut dans toute la France un long gémissement. L'indignation et la douleur furent générales.

(1) Il y avait, entre autres, le duc d'Orléans, Madame la duchesse et Mademoiselle d'Orléans, qui se trouvaient à côté du prince.

prétendant actuel comte de Chambord), né sept mois après l'assassinat du duc de Berry ; ce *mystère n'est point encore éclairci.* Ce fils passa pour *illégitime*, ou pour un enfant *substitué* (untergeschoben), selon l'opinion des personnes un peu plus indulgentes. » Comment ! un enfant ne peut pas naître sept mois, huit mois et même plus, après la mort de son père ! C'est pourtant ce qu'on voit arriver tous les jours dans un très-grand nombre de familles. Beaucoup d'Allemands et de Français, morts dans cette dernière guerre, bien des communards fusillés à la prise de Paris ne laisseront peut-être à leur veuve qu'un enfant posthume pour tout héritage. Et qui songera à faire planer le moindre mystère sur la naissance de ces pauvres orphelins ? Qui aura le courage d'insulter leur mère et de les traiter de bâtards ? Il est vrai que tous les enfants posthumes n'ont pas la charge un peu lourde d'être un jour rois ; il est vrai aussi que la haine ou l'ambition ne s'agite pas autour d'un berceau inconnu. Convenez donc que vous êtes un infâme détracteur. Le seul mystère qu'il y ait ici, c'est l'origine un peu suspecte de votre pamphlet.

« Ce fils passa pour *illégitime* ou pour un enfant *substitué* (1). » Je sais bien qu'à la naissance du duc de Bordeaux, si justement surnommé par le peuple *l'Enfant du miracle*, il y eut dans un certain monde révolutionnaire des paroles haineuses, stupides et malveillantes, funeste indice d'ambitions mal contenues. On alla même jusqu'à publier dans un journal de Londres une misérable protestation anonyme contre cette naissance

______

(1) La même calomnie fut autrefois répandue contre la naissance d'un prince. On alla même jusqu'à dire qu'il était fils d'un geôlier de Florence, Lorenzo Chiapini. C'était faux. Les calomniateurs le savaient bien. (Voir les *Mémoires* de la princesse Stella.) N'a-t-on pas aussi vu paraître en France, en Allemagne, en Italie et même en Amérique, depuis soixante ans, plusieurs douzaines de ducs de Normandie, se disant tous imperturbablement fils de Louis XVI ? Il y a toujours eu des intrigants et des pervers sur la terre ; il y en aura toujours, tant que le monde existera.

royale. L'insulteur du jeune prince osait dire que personne n'avait assisté à l'accouchement, ce qui aurait été contraire à un ancien usage de la cour. Mais cette protestation fut regardée par toute la France comme une infamie; c'était lâche et odieux. Le mépris de tous en fit justice. Quant au coupable, il ne fut jamais bien connu. Pourtant un très-haut personnage crut devoir se justifier publiquement de la terrible accusation qui pesait sur lui. C'était presque s'avouer l'auteur ou le complice d'une mauvaise action. Le Roi l'avait reçu avec une froide sévérité, mais il l'écouta avec bonté (1). Le pamphlétaire du *Courrier-Fremdenblatt* ne doit pas ignorer une chose connue de toute la France, depuis cinquante ans. Mais laissons pour un instant les calomniateurs et racontons. La vérité les confondra. Quoique je n'aie pas assisté à la naissance du comte de Chambord, je vais dire ce qui eut lieu, et comment la chose se passa. Ici, je me borne à copier l'histoire. Aussi bien, tout raisonnement me paraît superflu devant un fait incontestable et authentiquement prouvé.

Dès le 28 septembre (1820), toutes les mesures avaient été prises, et l'on n'avait omis aucune précaution. La nourrice était au château. Elle s'appelait Madame Bayard, nom d'un favorable augure. Depuis plusieurs jours, le maréchal, duc d'Albufera, désigné par le Roi pour être témoin de la naissance,

---

(1) Le duc d'Orléans savait parfaitement à quoi s'en tenir sur la fable de cette substitution. Le jour même de la naissance du duc de Bordeaux, Son Altesse Sérénissime avait fait auprès du duc d'Albufera une démarche qui ne pouvait plus lui laisser aucun doute. « M. le maréchal, lui dit le duc d'Orléans, je connais votre loyauté. Vous avez été témoin de l'accouchement de Madame la duchesse de Berry. Est-elle réellement mère d'un prince? » — Le duc d'Albufera répondit : « Aussi réellement que votre Altesse est père de M. le duc de Chartres. » — « Cela me suffit, Monsieur le maréchal. » Telle fut la conclusion de cet entretien, après lequel M. le duc d'Orléans put présenter à sa nièce des félicitations, qui, au mérite d'être vives et empressées, joignaient sans doute celui d'être sincères,

couchait aux Tuileries. L'intention de Madame la duchesse de Berry était de faire placer son lit dans le salon; mais elle n'en eut pas le temps. Cependant rien n'annonçait encore que l'événement fût si proche. Le Roi lui-même avait dit le 28 septembre, à neuf heures du soir: « Je ne crois pas, que Madame la duchesse de Berry accouche avant cinq ou six jours. »

Madame de Vathaire, première femme de chambre de Son Altesse Royale, et Madame Bourgeois, femme de chambre ordinaire, venaient de se retirer, lorsque vers les deux heures et demie du matin, elles furent réveillées par la voix de la princesse qui criait: « Madame Bourgeois, vite, vite! il n'y a pas un moment à perdre! » Madame de Vathaire courut en toute hâte avertir l'accoucheur Deneux, Madame la duchesse de Reggio et Madame la vicomtesse de Gontaut. Pendant ce temps-là, Madame Bourgeois recevait l'enfant: c'était un prince.

Lorsque Deneux entra, quelques instants après, Madame la duchesse de Berry lui dit: « Monsieur Deneux, nous avons un prince. Je suis bien. Ne vous occupez pas de moi, mais soignez mon enfant. N'y a-t-il pas du danger à le laisser dans cet état? » Deneux répondit: « L'enfant est très-fort; il respire librement; il est si bien qu'il pourrait rester ainsi jusqu'à la délivrance, lors même qu'elle n'arriverait que dans une heure. » — « En ce cas, dit la duchesse, laissez-le. Je veux qu'on le voie tenant encore à moi, qu'il est bien le mien. » Elle demande alors des témoins. Un garde de *Monsieur* se présenta. « Vous ne pouvez pas, lui dit la princesse, vous êtes de la maison. Qu'on aille chercher des gardes nationaux. » Pendant qu'elle parlait ainsi, Madame de Reggio et Madame de Gontaut entrèrent dans la chambre. « C'est Henri! » leur dit Son Altesse Royale.

Bientôt après, on admit MM. Lainé, Paigné, Dauphinot et Triozon-Sadony, gardes nationaux de la 9e légion. « Messieurs, leur dit la duchesse, vous êtes témoins que c'est un prince. Voyez, il n'est point encore séparé de sa mère. Elle répéta la même phrase au duc d'Albufera, qui survint quelques minutes après. Et ce ne fut que lorsqu'il eut vérifié lui-même de ses propres yeux ce que lui disait la princesse que Deneux enleva l'enfant. Le maréchal ne put s'empêcher d'exprimer tout haut l'admiration que lui inspirait un si rare courage.

Cependant la famille royale était arrivée. Cette joie, qui lui survenait après tant de douleurs, l'avait comme enivrée. Forte contre le malheur, elle n'était point préparée aux événements heureux. L'habitude lui manquait pour supporter le bonheur. *Monsieur*, *Madame* et le duc d'Angoulême félicitaient la princesse et se félicitaient entre eux, lorsqu'on annonça le Roi. « Dieu soit béni ! s'écria-t-il ; vous avez un fils. » En même temps, Louis XVIII prenait dans ses bras l'enfant par qui devait vivre son auguste race ; puis, se faisant apporter la gousse d'ail et le vin de Jurançon, offerts peu de temps auparavant par les dames de la halle de Bordeaux, il introduisit le nouveau-né dans le rôle de Henri IV, en lui frottant les lèvres avec la gousse d'ail et en humectant sa bouche de quelques gouttes du vieux Jurançon.

Tout Paris dormait encore à cette heure. Mais la sensation fut vive et profonde, quand on se réveilla au bruit des vingt-quatre coups de canon qui annonçaient la naissance du prince tant désiré, que l'imagination publique espérait et entrevoyait déjà comme un sauveur. La sombre nuit du 15 février avait plongé la France entière dans le deuil, celle du 29 septembre apparaissait comme étincelante de joie. Pendant que le canon faisait son joyeux office de messager, on voyait la capitale s'illuminer sur plusieurs points. C'étaient les casernes qui fêtaient le jeune prince à son entrée dans la vie. L'allégresse régnait dans tout Paris.

Il était six heures du matin. Des groupes nombreux se formèrent sous les fenêtres de Madame la duchesse de Berry. De temps à autre, on montrait l'enfant à travers les vitres des croisées. Puis, on voyait une blanche figure de femme en habillement de nuit passer et repasser devant les fenêtres: c'était Madame la duchesse d'Angoulême. La famille royale avait été surprise par son bonheur dans le sommeil, comme elle avait été naguère surprise par la sanglante catastrophe du 13 février. C'était la nuit de la joie après la nuit du deuil. La rue de Rivoli offrait un singulier spectacle. Les inconnus s'y connaissaient, et toute la ville se trouvait là, à moitié vêtue, croyant continuer son rêve sous les croisées de ce palais, témoin de tant d'infortunes et renfermant à cette heure l'avenir de la France, peut-être son unique salut.

Madame la duchesse de Berry ordonna de laisser entrer dans sa chambre tout ce qu'il y avait de militaires au château. Il s'agissait de visiter le petit-fils de Henri IV et de Louis XIV, le fils de cette race guerrière, dont la forte épée avait taillé peu à peu à la France une large place sur la carte de l'Europe. La gloire devait avoir ce jour-là un droit de préséance. Il y eut de touchantes paroles, dites par les militaires. « Je te bénis, lui dit un vieux grenadier, et je fais un engagement de six ans de plus. » C'était un Vendéen qui avait servi sous Lescure et Cathelineau. Un soldat, couvert de blessures et ayant trois chevrons, s'écrie avec tristesse : « Ah mon prince, pourquoi suis-je si vieux! Je ne pourrai pas servir sous vos ordres. » Madame la duchesse lui répondit: « Rassure-toi, mon brave; il commencera de bonne heure. » Un rêve de mère, qui ne croit pas qu'on puisse renverser une dynastie comptant huit siècles de légitimité et s'appuyant sur l'amour de tout un peuple (1)!

(1) Bien des fois, pendant sa grossesse, Madame la duchesse de Berry avait exprimé la même pensée sous des formes différentes; car elle annonçait toujours avec assurance qu'elle mettrait au monde un fils. Lorsqu'elle apprit la révolution de Naples, et après le premier moment donné à la douleur, elle s'écria : « C'est fâcheux; mais *je porte dans mon sein un prince qui pourra relever à Naples le trône de ma famille.* »

« Il est bien l'enfant de l'armée, dit un autre vieux soldat ; il est né au milieu des sabres et des bonnets de grenadiers. C'est mon capitaine qui a été sa première berceuse. »   .

Enfin, à neuf heures et demie, les princes et les princesses du sang vinrent présenter leurs félicitations à Madame la duchesse de Berry. On remarquait parmi eux toute la famille d'Orléans. A onze heures, il y eut grande réception aux Tuileries. La foule était si grande que le Roi eut de la peine à sortir des salons, lorsqu'il alla dans la chapelle avec toute la famille royale rendre grâces à Dieu de ce mémorable événement. Les jardins et les terrasses disparaissaient sous un immense flot de monde, qui criait comme avec une seule bouche et un seul cœur : Vive le Roi ! L'unité nationale était vraiment ce jour-là une réalité.

Dans l'après-midi, la princesse voulut se lever et présenter elle-même son fils au peuple. Les médecins eurent beaucoup de peine à la dissuader d'une résolution qui pouvait lui être funeste. Le cœur des mères a parfois des instincts prophétiques. Elle semblait sentir la nécessité de faire adopter par le peuple cet orphelin à qui le poignard du 15 février n'avait point laissé de protecteur. Obligée de céder aux sollicitations des personnes qui l'entouraient, elle voulut au moins qu'on roulât son lit jusqu'à la fenêtre ; et là se soulevant à demi, elle montra son fils à la population immense qui se pressait devant le château. L'enthousiasme fut grand à cette vue. Deux fois, elle voulut renouveler cette scène, sa joie lui donnait des forces. Mais elle éprouva une espèce de défaillance ; et comme on lui présentait une potion calmante : « Merci, dit-elle, en saluant la foule, dont les acclamations d'amour montaient jusque vers elle ; ce bruit-là est le meilleur calmant. »

L'expression de la joie fut aussi vive et aussi générale que la joie elle-même, dans Paris et dans toutes les villes du royaume. Les poètes et les chansonniers célébrèrent eux-mêmes la naissance du duc de Bordeaux comme un événement mémorable.

Victor Hugo (1), Lamartine (2), Janin, Michelet, Désaugiers, Crosnier, Merle, Châteaubriand, et beaucoup d'autres se mirent à chanter *l'Enfant de la France*. Le Nonce, portant la parole au nom du corps diplomatique, vint féliciter le Roi. Son discours ressemble à une prophétie. « Voici, dit-il en montrant le duc de Bordeaux, le grand bienfait que la Providence la plus favorable a daigné accorder à la tendresse paternelle de Votre Majesté. Cet enfant de douleurs , de souvenirs et de regrets est aussi *l'Enfant de l'Europe. Il est le présage et le garant de la paix et du repos qui doivent suivre tant d'agitation.* » Cette parole était remarquable. Le comte de Chambord représente , en effet, un grand principe. Toutes les lettres des souverains exprimèrent la même pensée. L'empereur Alexandre écrivait au Roi de France : « La naissance du duc de Bordeaux est un événement que je regarde comme très-heureux *pour la paix de l'Europe*, et qui porte de justes consolations au sein de votre famille. Je prie Votre Majesté de croire que je ratifie le titre *d'Enfant de l'Europe*, dont on a salué Mgr le duc de Bordeaux. »

Le Journal des Débats, dont le dévouement à la branche aînée de la Maison de Bourbon était alors fort grand, ne fut que l'organe de l'immense majorité des Français, lorsqu'il écrivait au sujet de la naissance du duc de Bordeaux : « Jeune enfant, objet de tant d'amour et de vœux, puissiez-vous avoir les qualités aimables de votre père, sa bonté, sa bienfaisance et son affabilité ! Mais puisse votre destinée être plus heureuse ! *Vous nous apparaissez dans nos orages politiques, comme l'étoile apparaît en dernier signe d'espérance au matelot battu par la tempête.* Qu'autour de votre berceau viennent se rallier les efforts des gens de bien ! Contre ce berceau sacré que tous les efforts

---

(1) Dans une ode sublime , ce poëte appelait le duc de Bordeaux un *nouveau Joas, donné par le Dieu de la victoire.*

(2) Cet illustre poëte disait dans une ode immortelle que le duc de Bordeaux était *l'Enfant du miracle , un Moïse nouveau.*

des méchants viennent échouer! Croissez pour imiter les vertus de la noble famille qui vous entoure! Croissez pour consoler une mère qui vous a conçu dans la douleur! Croissez pour rendre heureux un peuple qui vous reçut avec tant de joie! »

Arrêtons ici cette longue page d'histoire, joyeuse comme un beau rêve et pleine de l'amour de tout un peuple. Maintenant, je demanderai à tout homme de bonne foi ce qu'il faut penser de la misérable calomnie, publiée par le *Courrier-Fremden-blatt* : le comte de Chambord est un *enfant substitué*. D'après tout ce que j'ai dit, l'histoire à la main, jamais naissance n'a été plus authentiquement constatée que celle du duc de Bordeaux, puisque de nombreux témoins, pris dans toutes les classes de la société, l'ont vu pendant une heure attaché et tenant encore à sa mère. Pour tout homme de bon sens, c'est le fait le plus authentique et le mieux prouvé de l'histoire moderne. Mais les passions sont aveugles, et les aveugles nient l'authenticité du soleil.

Quant à cette expression d'enfant *illégitime*, c'est une insulte de quelque Gavroche en goguette; je n'y répondrai pas. Le mépris seul doit en faire justice. Voici un autre mensonge que je dois réfuter.

« Le ministère Richelieu voulait acheter pour le prince, pour *l'Enfant de la France*, le domaine de Chambord au nom de la nation; mais il dut renoncer à son projet par suite d'une opposition de l'opinion publique. Il se forma alors une association de légitimistes, qui acheta ce domaine et le donna au prince, le jour de son baptême, le 1er mai 1821. » Il y a ici bien des erreurs qu'il importe de relever. Voici ce qui se passa.

Peu de jours après la naissance du duc de Bordeaux, M. de Calonne, ancien officier, fourrier des logis de la maison du Roi, fit la proposition d'offrir Chambord à l'enfant royal, au nom de toutes les communes du royaume. « Je propose, écrivait-il, que le domaine et le château de Chambord, unique monument encore entier du siècle de François 1er, soient achetés au nom des quarante mille municipalités du royaume ; que ce monument, le seul qui ait échappé intact au vandalisme révolutionnaire, prenne le nom du prince, objet de nos plus chères espérances, et lui soit donné en apanage. » On peut dire sans exagération que toutes les communes se levèrent à la fois pour répondre à cet appel. Les nombreuses listes furent bientôt couvertes de noms, depuis les plus obscurs jusqu'aux plus illustres. C'était un gage de dévouement que chacun voulait offrir au duc de Bordeaux.

Ce noble château, construit par ordre de François Ier et sous la direction du Primatice, avait été successivement l'asile du roi Stanislas et de ses malheurs, l'apanage du maréchal de Saxe et de sa gloire ; puis il avait été donné par Napoléon au prince de Wagram. A la mort de ce dernier, la princesse sa veuve demanda à Louis XVIII l'autorisation de vendre Chambord ; autorisation qui lui fut immédiatement accordée. Le baron Louis était ministre des finances. Déjà, la Bande noire, qui faisait la guerre aux vieux castels, mais à coups de marteau, comme la révolution l'avait faite avec une torche, se préparait à dépecer cette royale proie, une des gloires de la France, lorsqu'une lettre adressée par M. de Calonne à la princesse de Wagram fit suspendre la vente jusqu'au cinq mars 1821. Ce délai de cinq mois devait suffire à la commission des souscripteurs pour recueillir quelques millions et se présenter aux enchères.

Cependant le projet de M. de Calonne rencontrait une violente opposition dans le ministère parmi les libéraux du temps. Le comte Siméon, ministre de l'intérieur, fit même un rapport au Roi contre la souscription destinée à payer l'acquisition de Chambord, pendant que la faction libérale employait une plume pleine de fiel pour décréditer la commission et faire échouer ses efforts. Le nom de Paul-Louis Courrier ne s'illustra pas dans cette déloyale conspiration du libéralisme et du pouvoir. Le talent de l'ironie n'a jamais été un titre bien sérieux de gloire.

Enfin, malgré les obstacles suscités par le ministère et les machinations des libéraux, la souscription fut rapidement ouverte, et le domaine de Chambord adjugé le 5 mars 1821 à M. de Calonne, *pour être fait hommage au nom de la France à Son Altesse Royale Monseigneur le duc de Bordeaux.* Le prix principal de l'adjudication s'éleva à quinze cent quarante-deux mille francs. La France entière apprit avec joie la nouvelle de cette acquisition, et les habitants de Chambord se réjouirent de voir ce domaine, son magnifique château, son parc et sa colossale fleur de lys échapper encore une fois aux destructeurs.

Par une bizarre singularité, l'acquisition de Chambord ne fut point agréable aux Tuileries. Ce fait étrange peut s'expliquer de plusieurs manières. D'abord, la souscription se rattachait à ce mouvement d'opinions royalistes, qui devait renverser le ministère du Centre-droit et faire passer le pouvoir à la Droite, représentée par M. de Villèle. Ensuite, il y avait dans la maison des princes une opposition décidée contre l'acquisition de ce domaine, parce que les personnes attachées à la cour seraient très-souvent exposées à faire un voyage de quarante lieues. D'autre part, on avait depuis longtemps inspiré au Roi certaines défiances contre les opinions de la Droite. Le monarque ne pouvait pardonner aux royalistes la chute de M. Decazes, auquel il portait une affection presque paternelle; et le ministère Richelieu ne cherchait point à dissiper les injustes préventions de Louis XVIII, car il se sentait débordé et comprenait déjà que l'acquisition de Chambord était une manifestation nouvelle de la force des opinions qui devaient hériter du pouvoir.

D'un autre côté, il y avait aux Tuileries, dans l'entourage des princes, comme une conspiration domestique contre Chambord. Monsieur lui-même, qui, politiquement, avait vu la souscription d'un œil très-favorable, n'avait pu échapper à certaines influences de cour. De faux rapports avaient également trompé Madame la duchesse de Berry sur l'état de Chambord. On lui avait dit

que *ce château n'était qu'un monceau de décombres;* mais elle
finit bientôt par s'apercevoir qu'on l'avait indignement trompée.
Dès lors elle comprit que la France avait fait au duc de Bordeaux un présent digne d'elle et de lui, et cette princesse con-
tribua beaucoup à effacer les préventions de Monsieur contre
cette résidence vraiment royale. Madame la duchesse de Berry
sentit avec son instinct de mère que, sous ce don national, il y
avait une pensée politique. C'était un lien de plus entre la France
et le petit-fils de Louis XIV. La France donnait aux Bourbons,
de qui elle avait tant reçu. Voici de belles paroles contenues
dans l'adresse de la ville de Caen : « L'histoire dira comment,
épuisé par d'immenses bienfaits, le Roi, qui partout relève la
cabane du pauvre, fut réduit à la noble impuissance de racheter
le toit de ses ancêtres. Elle dira aussi que vos enfants émus ac-
coururent à vos pieds, qu'alors les fidèles communes de votre
royaume sollicitèrent le bonheur de rattacher un fleuron à la
couronne des lys, et celui de placer elles-mêmes le duc de Bordeaux dans le palais vénérable, où tout respire la gloire et
l'honneur. »

Il est donc faux d'oser dire que le ministère Richelieu voulait acheter le domaine de Chambord, au nom de la nation, pour
le donner au duc de Bordeaux, puisque les principaux obstacles
au projet de M. de Calonne vinrent de ce ministère même. Il
est également faux de prétendre que l'opinion publique fit une
très-vive opposition à ce projet. Il y eut des oppositions, cela
est vrai ; mais elles sortirent toutes du camp libéral. Ce fut, au
contraire, l'opinion publique ou la France qui donna Chambord
au duc de Bordeaux. Je crois devoir ajouter que, depuis 1821,
les revenus de ce royal domaine ont toujours été et sont encore
intégralement distribués à de malheureuses familles de France,
sans distinction d'opinions. *Quæque ipse vidi.* Citons encore le
pamphlétaire.

» Lorsqu'à la révolution de juillet 1830, Charles X déposa
sa couronne en faveur de son petit-fils et que le duc d'Angou-

lème eut également renoncé à ses prérogatives (Vorrecht) en
faveur de son neveu, *l'antipathie de la nation* contre les Bourbons de la branche aînée et l'établissement d'une royauté bour-
geoise dans la personne de Louis-Philippe eurent pour conséquence que le jeune duc de Bordeaux dut suivre sa famille dans
l'exil. »

La nation, celle du moins qui n'était ni voltairienne, ni libérale, à la façon de Manuel, de Lafayette, de Lafitte (1) et de
Foy, ni républicaine comme les gens du *National*; cette nation avait si peu d'antipathie contre les Bourbons de la branche
aînée qu'il y eut partout en France, au moment de la révolution,
comme un deuil général. J'en appelle à tous les vieillards de
ma patrie, nobles, bourgeois ou paysans, qui ont vu la douleur et la consternation des peuples, lorsque le drapeau blanc,
ce glorieux drapeau de Henri IV et de Louis XIV, fut enlevé
des édifices publics et remplacé par cet autre drapeau flottant jadis sur la France, pendant que le bourreau de la République
faisait tomber la tête de Louis XVI! Provence, Auvergne et
Languedoc, Gascogne, Poitou, Bretagne et Vendée, Francs-
Comtois et Normands, Flamands, Lorrains et Picards, et toi,
fidèle Béarnais, vous aussi Bourguignons, sinon tous, du moins
une immense majorité, n'avez-vous pas fêté avec enthousiasme,
en 1814 et 1815, le retour tant désiré de vos Bourbons? N'a-
vez-vous pas pleuré de douleur sur la tombe du duc de Berry?
N'avez-vous pas poussé un long gémissement du fond de votre
cœur, lorsque vous avez appris que votre Roi, renversé de son
trône par des intrigants et les sociétés secrètes, vaincu par la ca-
naille parisienne, s'en allait vivre et mourir avec toute son illus-

(1) En 1838 ou 1839, pendant une séance de la Chambre des députés, Lafitte demanda *pardon à Dieu et aux hommes* d'avoir trempé
dans la révolution de 1830 et conspiré pendant quinze ans contre son
Roi. Il est vrai qu'il s'était ruiné à faire le conspirateur libéral.
Le malheur donne quelquefois le repentir. Voir le *Moniteur officiel*.

tre race sur la terre de l'exil? N'avez-vous pas frémi d'horreur, lorsqu'on vous a dit qu'un ordre du lieutenant-général du royaume commandait au capitaine de frégate Thibault de couler bas le navire portant Charles X en Angleterre, si le Roi voulait agir en maître et rentrer dans le port de Cherbourg? Qui de vous oserait me démentir? Car je n'affirme rien qui ne soit déjà écrit en vingt histoires et consigné dans presque toutes les gazettes du temps. Il y eut même des villes qui refusèrent pendant plus d'un mois d'arborer le drapeau de la révolution. Beaucoup d'autres conservèrent le drapeau blanc avec les vieilles archives des familles, espérant le voir flotter un jour à la place de l'étendard qui préside à tous nos malheurs, depuis quatre-vingts ans. C'était de la fidélité, c'était aussi de l'honneur.

En 1851, la France royaliste avait encore les mêmes sentiments. Voici ce qui se passa. A peine eut-on appris la mort de l'auguste fille de Louis XVI (18 octobre 1851), qu'il y eut partout, et à Paris même, une émotion inattendue. Des messes furent célébrées dans toutes les églises du royaume. L'église Notre-Dame des Victoires donna le mouvement (28 octobre), en présence d'un concours immense de fidèles. La Madeleine le suivit (6 novembre). Le service fut solennel, majestueux, digne de la France et de la fille du Roi martyr. Puis, ce mouvement de prières se propagea dans tout le royaume. Au nord, au midi, à l'est et à l'ouest, il n'y eut pas une seule ville, grande ou petite, pas un bourg, pas un village, je pourrais presque vous dire pas un hameau, où l'on ne priât pour le repos de l'âme de la sainte fille de nos rois. On lui aurait peut-être rendu moins d'honneurs et moins d'hommages, si elle était morte aux Tuileries, dans le palais de ses illustres aïeux. Pendant plus d'un mois, les journaux contenaient chaque jour, sous le titre de *Deuil dans les départements*, un long article consacré à énumérer les lieux où l'on avait célébré des messes pour le repos de l'âme de cette princesse, qui fut si grande dans le malheur, et qui but jusqu'à la lie le calice de toutes les amertumes.

Toutefois, il faut bien le reconnaître, *l'antipathie*, dont parle le *Courrier-Fremdenblatt*, existait réellement, sinon dans le cœur, du moins à la surface bruyante de la nation. Elle était dans les gazettes du libéralisme et dans les bas-fonds mystérieux des sociétés secrètes ; elle était aussi dans les discours politiques des ambitieux, dans les chansons de Béranger, dans les pamphlets de l'*Ermite de la Chaussée d'Antin* et dans ce fatal esprit parisien, qui ne serait que de la niaiserie la plus inintelligente ou du bavardage sans patriotisme, si cela n'engendrait pas de sanglantes révolutions et des catastrophes que la France doit subir et payer.

Voilà où il y avait de l'antipathie contre les Bourbons de la branche aînée ; funeste antipathie, qui nous coûte deux provinces, vingt-cinq milliards de dettes, plusieurs millions de victimes, la ruine de notre industrie et un budget de deux millliards et demi. C'est payer un peu cher la haine de quelques gens et l'ambition d'une poignée d'autres. Il est vrai que, depuis 1789, nous avons fait la guerre à toute l'Europe avec des péripéties diverses et un résultat final toujours le même ; l'unité militaire de l'Allemagne s'est faite contre nous ; la chose italienne, stupide création des Bonapartes, nous a voué une amitié éternelle, mais qui par malheur ressemble beaucoup à une haine irréconciliable ; l'ouvrier est devenu communiste ; le communiste a brûlé Paris, et pour surcroît de malheur nous avons encore une république, véritable symbole de la tour de Babel. Ventre-saint-gris ! comme disait le roi Henri IV en ses moments de mauvaise humeur, mettez donc ces gens-là aux petites maisons. Leur antipathie nous ruine ; elle nous expose à être la risée de toutes les nations. Mais poursuivons ; ma tâche n'est pas encore finie.

Chemin faisant, le pamphlétaire du *Courrier Fremdenblatt* distribue quelques épithètes communardes au duc d'Angoulème, à Charles X et à Madame la duchesse de Berry, dont *l'état personnel*.....(1), au moment de son arrestation en France (6 novembre 1832), etc., etc. Si je n'avais pas eu un *Almanach de Gotha* sous la main, j'avoue que j'aurais peut-être imité le pudique et mystérieux auteur de l'article en question, quoique le nom de la mère de mon Roi ne mérite point une insolente réticence. J'ai donc consulté cet annuaire de la noblesse, et j'y ai découvert, ce que du reste je savais déjà, que Madame la duchesse de Berry avait épousé en 1831 et en secondes noces, Hector, marquis de Lucchesi-Palli, Campo et Pignatelli, duc de la Gracia. C'est ce qu'on appelle dans le langage des cours un mariage morganatique, ou un mariage de la main gauche en langage vulgaire, parce qu'on donne la main gauche au lieu de la main droite pendant la cérémonie nuptiale.

Les mariages morganatiques ne sont point rares dans le monde des princes et des rois. Je pourrais citer bien des exemples fort connus. On peut les discuter et les combattre au point de vue politique. Mais est-il permis d'outrager une femme,

---

(1) Ici, par pudeur sans doute, le pamphlétaire a mis des points. Victor Hugo, en des vers admirables, a flétri le juif Deutz, ce traître, ce Judas, ce vendeur de Madame la duchesse de Berry. Mais quelle épithète faut-il donner à ceux qui ont essayé de flétrir l'honneur de cette princesse, pour satisfaire les besoins de leur politique? Un juif vendit son Dieu. Il le fallait. Le mystère de la Rédemption ne se serait point accompli sans un infâme qui livrât l'auguste Victime au bourreau. Deutz a vendu sa bienfaitrice; c'est odieux. C'était la conséquence d'une révolution bien plus odieuse encore. Mais quelle nécessité y avait-il à faire outrager publiquement une princesse, qui, nouvel Henri IV, cherchait à conquérir le trône, dont son fils avait été si injustement dépouillé? Si Henri V avait été roi en 1870, il est vraisemblable que l'Alsace et la Lorraine seraient encore françaises. Les Bourbons, dans leurs guerres, gagnent des provinces; ils n'en perdent pas, même en perdant des batailles. Le crime de Deutz est infâme; mais l'outrage des autres.....!

dont le mariage est connu de tout le monde, comme il devait être connu en 1832, de ceux qui tenaient alors le pouvoir? Le pamphlétaire méritait qu'un second Victor Hugo vînt le marquer au front en quelques vers brûlants. Pour moi, je me conténterai de répondre au *Courrier Fremdenblatt* qu'une pareille insulte est une lâcheté.

Je me vois forcé de passer sous silence une foule de petits mensonges et de petites injures, débités à propos d'une foule de petites questions. Mais une assertion à laquelle je donne ici le démenti le plus formel, c'est que le duc d'Angoulème, avant ou après la mort de Charles X, ait jamais dit à qui que soit, dans une conversation publique ou dans un entretien privé, que *le fils du duc de Berry* (1), *était illégitime* (unehelich). C'est une odieuse calomnie. Je défie l'auteur de citer un seul témoin, même le témoignage authentique d'un valet. Tout le monde sait dans l'entourage du prince que le duc et Madame la duchesse d'Angoulème avaient une très-grande affection pour le neveu, qu'ils regardèrent toujours comme leur propre fils, comme un dépôt qui leur avait été confié par la Providence. Ils n'avaient qu'une seule ambition, protéger la jeunesse du prince, vivre et mourir en chrétiens (2). Et d'ailleurs, comment un noble prince, qui édifiait tout le monde par ses vertus, aurait-il pu prononcer un outrage aussi sanglant? L'énormité même de la calomnie la rend invraisemblable.

(1) La haine cause ici une distraction singulière à l'auteur. Le duc d'Angoulème aurait « déclaré que *le fils de Charles X* était illégitime » : *Den Sohn Karls X.*

(2) Madame la duchesse d'Angoulème avait depuis longtemps une telle tendresse pour son neveu, et plus tard elle fut si fière de ses qualités, qu'en 1824, ayant eu des espérances de maternité elle demandait à Dieu une fille pour ne point priver le jeune prince de la couronne de France. C'est ce que la fille de Louis XVI confiait un jour à une personne de la petite cour de Kirchberg. Si le comte de Monthel vivait, il ne me démentirait pas.

Maintenant voici venir un mensonge après une calomnie. Voltaire serait dépassé, si quelqu'un sur la terre pouvait être plus menteur. « En 1859, il lui échut (au comte de Chambord) un héritage de plus de quatre millions de thalers par la mort du duc de Blacas, ce qui lui permit de paraître avec un grand éclat extérieur. » L'auteur veut sans doute ignorer que le duc de Blacas, en mourant, laissa toute sa fortune à ses fils. Il est vrai de dire cependant que le château de Frohsdorf (1) était jadis une propriété de ce gentilhomme, qui fut durant toute sa vie comme un symbole de fidélité ; mais je me hâte d'ajouter que le comte de Chambord le possède en vertu d'un échange, et non en vertu d'un don fait par le duc de Blacas. La terre de Kirchberg, située sur les frontières de la Bohème et dont la valeur est plus considérable que le domaine de Frohsdorf, fut donnée en échange de ce château. Kirchberg, ancienne propriété de la reine Marie-Antoinette, faisait partie de l'héritage laissé par Madame la duchesse d'Angoulême au comte de Chambord. Voilà la vérité sur le prétendu cadeau de quatre millions de thalers donnés par le duc de Blacas.

Le bouquet de cette misérable prose dépasse en infamie tout ce qui a jamais été publié contre le petit-fils de Louis XIV. On dirait que l'auteur a voulu déposer ici la bave la plus impure de son fiel. J'ai honte de toucher publiquement à certaines immondices, même avec le bout de ma plume ; mais il le faut pour démontrer jusqu'où peut aller un imposteur. Je traduis presque littéralement. « Le duc de Bordeaux a eu une jeunesse très-passionnée, et il fut mêlé à de nombreuses aventures galantes. Son existence romanesque et forcée (*diese anstrengende Romantik*)

---

(1) Mot allemand qui signifie *village du bonheur*. Quelle ironie jetée à l'exil ! Ce château avait été habité sous la Restauration par la veuve de Murat. Singulière vicissitude de la fortune ! Depuis, il avait été acheté par le comte Yermoloff, et il fut vendu en 1852 au duc de Blacas, qui l'offrit comme résidence à la famille royale, après la mort du duc d'Angoulême. L'échange n'eut lieu que plus tard.

a eu une conséquence non surprenante, mais fatale pour un as-
pirant au trône, l'impuissance d'avoir des enfants (*Kinderlo-
sigkeit*). Si donc le miracle un peu singulier, mais non rare,
auquel il doit lui-même sa naissance après la mort de son père;
si ce miracle ne se renouvelle avec son épouse, la branche aînée
des Bourbons s'éteindra avec lui. »

Je ne répondrai que deux mots à ces lâches et infâmes paroles. Je défie l'auteur de citer une seule *aventure galante*, mais
authentique, dans laquelle se soit trouvé mêlé le comte de Chambord. S'il ne cite pas un seul nom, un seul fait, connu à Goritz,
à Frohsdorf ou à Vienne, il doit être regardé comme un misérable calomniateur, ayant un intérêt quelconque dans ses outra-
ges, ou bien comme le valet de quelque insulteur qui veut rester inconnu.

Je ne suivrai pas le pamphlétaire dans ses étranges assertions,
relatives à une fusion désirable autant que désirée entre les deux
branches de la Maison royale de France : je lui dirai seulement
que, dans ma patrie, un souverain n'a jamais eu le droit d'adopter un enfant pour son successeur au trône sans le consentement
exprès et solennel de la nation ou de ses représentants. Une
pareille adoption serait nulle, si elle n'était point approuvée et
sanctionnée par une loi. M. le comte de Paris, c'est-à-dire le duc
d'Orléans (1), connaît trop bien les vieilles lois de la monarchie
française pour croire qu'une simple adoption lui suffirait, si l'on
regarde comme nulle la renonciation de Philippe V au trône de
France pour lui et pour ses successeurs. Au contraire, si cette
renonciation a toujours force de loi et même de droit interna-
tional, en vertu des divers traités d'Utrecht, ladite adoption est
parfaitement inutile; elle ne saurait empêcher la fusion. Je ne dis

(1) Le comte de Paris est de fait et de droit duc d'Orléans depuis la
mort de son père. Je ne comprends pas bien pourquoi, son Altesse Royale
ne veut point porter ce titre, auquel cependant elle a le droit, et qu'elle
seule peut porter.

cute pas ici la valeur de cette renonciation, je réponds à l'auteur du pamphlet.

Les princes de la Maison d'Orléans n'ont devant eux qu'une seule voie patriotique et sage, c'est de reconnaitre le droit du comte de Chambord et d'entrer loyalement en France avec le Roi, la monarchie. A côté du souverain, ils seront bien plus près du trône que s'ils étaient dessus, et la funeste porte des révolutions serait ainsi fermée pour toujours ou du moins pour bien longtemps. L'union fait la force; l'intrigue ne donne jamais un droit.

Après avoir jeté les plus grossières insultes à la branche aînée des Bourbons, le pamphlétaire du *Courrier-Fremdenblatt* n'a pas assez d'éloges pour la Maison d'Orléans. Cela doit paraître un peu singulier, surtout si l'on considère que deux princes de cette Maison ont joué un très-grand rôle dans nos principales révolutions, depuis 1780 ou 1781 jusqu'en 1848. « Elle monta sur le trône de France, le 9 août 1830, dit-il, après la *fuite* des Bourbons. » C'est vrai dans la vérité stricte des événements; mais dans la philosophie de l'histoire, c'est faux. On sait comment deux cent dix-neuf députés sans mandats, une poignée de factieux, presque tous carbonari ou francs-maçons, prononcèrent la déchéance d'une dynastie, firent une charte, portèrent sur le trône une dynastie nouvelle et proclamèrent roi un simple lieutenant-général du royaume, nommé régent pendant la minorité de Henri V. Si la moitié d'une Chambre a de sa propre autorité le droit de bâcler un gouvernement, *au nom de la volonté nationale*, il n'y a plus de gouvernement possible, ni stable; l'intrigue ou la force constitue alors tout le droit, et l'autre moitié de cette Chambre peut renverser très-légitimement ce que la première moitié a établi. Cela est arrivé le 24 février 1848 et le 4 septembre 1870. Toute révolution serait donc légale et légitime, dès qu'elle aurait pour elle le droit de la force? C'est revenir à l'état sauvage, si ce n'est que dans cet état un peu primitif la force du droit n'est nullement connue.

Louis-Philippe fut un roi de conspiration, et pas autre chose (1). La France le prit comme tel, mais elle ne le reconnut pas. Une conspiration représente un fait plus ou moins fàcheux, elle ne constitue jamais un droit. Le duc d'Orléans ne fit en 1850 que ce que Napoléon III a fait le 2 décembre 1851. L'un et l'autre usurpèrent un trône qui ne leur appartenait pas; une intrigue les a renversés. Ce serait de bonne guerre, si le vrai peuple ou la France ne payait pas les frais des révolutions qu'il ne fait point. Mais qu'importe à l'auteur! S'il est Français, il est peut-être assez riche pour payer sa part.

Cela dit, le thuriféraire de la Maison d'Orléans verse à pleines mains le trésor de ses parfums. Celle-ci a de *grands talents pour la plastique et les arts*. C'était la duchesse Marie de Wurtemberg. Ici, j'approuve les éloges: ils sont mérités. Celle-là, la duchesse Hélène d'Orléans, avait toutes les *distinctions* de l'esprit et toutes les *vertus* du cœur. Je ne veux pas révoquer en doute toutes ces belles qualités; de ma part, ce serait au moins maladroit. Mais comment se fait-il que l'auteur n'ait pas rendu hommage aux rares vertus de Madame la comtesse de Chambord, st justement surnommée en Autriche L'ANGE DE FROHSDORF? L'encenseur a encore oublié Madame la duchesse Clémentine de Cobourg, dont il s'est contenté d'inscrire banalement le nom. Cette princesse méritait certainement un coup d'encensoir; mais elle est peut-être un peu trop cléricale.

Viennent ensuite les princes. Le duc d'Orléans, fils aîné de Louis-Philippe, fut élevé comme l'enfant d'un bon bourgeois dans les *écoles publiques*, où il remporta tous les premiers prix. « Il se distingua par ses connaissances très-étendues, par son

---

(1) Voir dans le *Moniteur officiel* cette fameuse séance de la Chambre en 1831, où un grand nombre de députés déclarèrent publiquement qu'ils avaient joué la comédie pendant les quinze années de la Restauration. Une comédie de fidélité !

éducation militaire, ainsi que par son humanité et la noblesse de ses sentiments. » Le thuriféraire orléaniste aurait également pu parler ainsi du comte de Chambord, qui, en fait de savoir et de nobles sentiments, fait l'étonnement et l'admiration de la petite cour de Frohsdorf. Mais c'est un Bourbon, un petit-fils de Louis XIV; il n'y a que du mal à en dire, car il ne serait pas même *capable de gagner l'épée de chevalier et les éperons d'or*, qu'on lui donna jadis à Prague. C'est l'insulteur qui parle. N'at-il pas été élevé par *deux* affreux *jésuites*, et un peu aussi par Latour-Maubourg, ce drapeau vivant de la France noblement troué par les balles ennemies? Quant aux autres princes de la Maison d'Orléans, l'auteur se contente de les enregistrer, comme s'il rédigeait un procès-verbal de naissance. Du reste, cela l'intéresse fort peu. Ces princes ne forment qu'un *conseil de famille; ils ne paraissent point directement comme des prétendants légitimes*. Pourquoi pas? Tout homme a les mêmes droits, quand le droit n'existe plus. Ne sommes-nous pas en république, une et indivisible, moins toutefois l'Alsace et la Lorraine?

Enfin, le mystérieux thuriféraire cite avec une visible complaisance le nom de M. le comte de Paris, ou plutôt de M. le duc d'Orléans, et celui de son frère M. le duc de Chartres. Le premier l'intéresse surtout « comme représentant légitime des d'Orléans dans un rétablissement de la monarchie »; le second comme successeur *éventuel* de son frère. *Éventuel!* Pour bien comprendre ce mot, il faut savoir que le généalogiste maladroit de la Maison d'Orléans ne donne à M. le comte de Paris que des filles pour enfants. L'une, dit-il, est née le 28 septembre 1865, et l'autre (ein zweites Töchterchen) en 1869. La troisième est venue au monde le 15 juin de cette année; mais l'auteur n'en parle pas. Et que fait-il du prince Louis-Philippe-Robert, né à York-Housse, près de Twickenhan, le 6 février 1869? M. le duc de Chartres n'est donc pas *éventuellement à côté de son frère.* Voilà comment les calomniateurs écrivent l'histoire. La haine des Bourbons a tellement obscurci l'intelligence et la vue de ce vil insulteur, que, lorsqu'il est devenu thuriféraire, il n'a pas su lire dans un *Almanach de Gotha*.

Et maintenant, que faut-il penser de ce grossier fatras d'injures et d'éloges, qui soulèvent le cœur sans amuser l'esprit? Est-ce l'œuvre d'un Communard, qui a laissé sa dernière illusion sous les ruines de Paris, et prêt à troquer son drapeau rouge contre un étendard tricolore? ou bien, est-ce tout simplement l'écrit d'un journaliste borussien, vivant de scandales par habitude ou par goût, comme certains animaux vivent par besoin dans la saleté? Je ne saurais le dire. Une chose me frappe, c'est que beaucoup de journaux autrichiens, prussiens et allemands attaquent depuis plusieurs jours le comte de Chambord avec une haine mal déguisée. On dirait un mot d'ordre venu de *Rome capitale* ou de quelque autre mystérieux bas-fond et faisant à cette heure le tour de l'Europe. Ce qu'il y a de singulier encore dans ces brutales attaques, c'est qu'elles sont toutes dirigées contre le prince français par les ennemis les plus acharnés de la religion et du pouvoir temporel. Voltaire, cet humble valet de Frédéric II, cet immonde insulteur de Dieu et de Jeanne d'Arc, aurait-il peur d'être détrôné? On pourrait le croire, en voyant une certaine quantité de reptiles juifs, protestants, libres-penseurs, démocrates et libéraux se donner fraternellement la main et tenter un assaut général contre l'honneur et les droits du comte de Chambord.

Quoi qu'il en soit, que la France monarchique serre ses rangs, si elle veut être forte; et tous ces insulteurs rentreront dans la bourbe, d'où ils n'auraient jamais dû sortir. L'union des princes est toujours un devoir; mais le rétablissement de la monarchie légitime devient une nécessité, parce que c'est là une garantie d'ordre, de force et de paix. Quant à la République, elle n'a été pour la France, en 1793, en 1848 et en 1871 qu'une sanglante utopie. Sa tête est dans le pays des chimères; ses racines se perdent dans les nuages du paganisme romain. C'est un monde renversé. Le duc de Berry avait bien raison de s'écrier en mourant: « Malheureuse France! » Maintenant, je conclus et je dis: Vive le Roi! car Dieu ne saurait tromper les espérances qu'il a lui-même autorisées.

Vienne, le 29 juin 1871.

HERCULE DE SAUCLIÈRES.

Clermont, typ. Ferd. THIBAUD.

www.ingramcontent.com/pod-product-compliance
Lightning Source LLC
Chambersburg PA
CBHW051242070726

47594CB00013B/2364